AF142133

Voix d'été

© 2012, Jean-Pascal, Jérôme, Nathalie, Pierre, Samuel, Sophie, Stéphane,
Bruno, Caroline, Christine, Claudine, Dorothée, Emilie, Eric

Edition : BoD - Books on Demand, 12/14 rond-point des Champs Elysées, 75008 Paris
Impression : BoD - Books on Demand, Allemagne
ISBN : 9782810626328
Dépôt légal : novembre 2012

Bruno, Caroline, Christine, Claudine, Dorothée,
Emilie, Eric, Jean-Pascal, Jérôme, Nathalie, Pierre,
Samuel, Sophie, Stéphane

Voix d'été

2011

Il a suffi de presque rien
Claudine

Il est des choses imperceptibles au premier regard qui s'immiscent dans nos inconscients et nous changent.

Ces signaux faibles que nous n'avons pas l'habitude de prendre en compte sciemment, n'ont pas de valeur intrinsèque mesurable, et de ce fait, n'ont pas d'existence « prouvable ». Cependant, dans nos échanges quotidiens, nous savons bien combien par exemple sérénité ou tension, bienveillance ou suspicion modifient le contexte et, du même coup, nos réactions.

Ainsi quand on prévoit un dîner chez soi, on ne sait pas toujours à l'avance s'il sera réussi. Même si on fait le maximum pour réussir la décoration, la cuisine, le bien être des convives, on ne maîtrise pas tout…
L'ambiance, les sujets de conversations, l'humeur des convives …dix mille raisons qu'il y ait un risque de dérive même si on n'invite pas n'importe qui chez soi et qu'il y a quelque part, un lien, un point commun qui nous relie.

A La Voie des Hommes, le dîner a duré deux jours, les nombreux convives n'ont pas été triés, on ne leur a pas demandé de « penser pareil », ni de « faire pareil », ni « d'être pareil », chacun a pu exprimer son humeur ou ses coups de gueule. Pourtant, nous repartons tous avec une très forte notion d'appartenance, de lien, de famille parce que bienveillance, construction et confiance étaient permanentes, parce que chacun a pu se ressourcer et parler vrai, s'interroger pour être plus fort.

Pour qu'une organisation sans organisation, sans règles, sans normalisation puisse obtenir un tel résultat, il faut que les fondateurs, les initiateurs et les propriétaires de cet outil de travail soient forts…très très forts, qu'ils s'effacent tout en distillant discrètement mais sûrement l'essence même d'une saine relation à eux-mêmes et aux autres.

Notre époque en saturation d'outils, de normes et de méthodes a besoin de lieux, de temps de rencontres qui permettent de découvrir que les signaux dits « faibles » sont des vecteurs de construction et de sens. Alors merci à La Voie des Hommes pour le décor, les convives, les ingrédients et aussi pour tout ce que nous avons pu ressentir !

Les journées des Hommes

Jean-Pascal

Il est des arrangements d'Hommes qui inspirent des visions de mondes possibles. « Les journées des Hommes » qui viennent de s'achever sont inspiratrices. Désarmés par l'impuissance des acteurs du monde courbés devant de nouvelles transcendances numériques et financières, certains ont encore une voix, signe de reconnaissance de ceux qui ne veulent pas la fin de l'Histoire.

A la marge du trafic : des sourires complices, des regards bienveillants, des mots d'avenir font émerger du glacis technocratique les promesses d'un monde sensible.

Faire taire les systèmes pour retrouver une parole humaine, infuser de l'énergie humaine dans des corps exsangues, libérer l'esprit des censures de la « modernité » et puis dire aux mondes que les impossibles sont horizontaux, accessibles… humains ; les Hommes ont une voie.

Les jours passés ensemble ne sont pas anodins, ils rappellent la fragilité de nos isolements, ils font naître les forces de nos solitudes, ils recueillent nos envies transgressives, ils rassemblent ce qui parfois se disperse et s'oublie : notre histoire, ils narrent des lendemains voulus.

Nous avons pensé le monde et nous sommes proposés d'expérimenter cette pensée puisant dans le nombre le courage de s'exposer ; nous avons ainsi créé de la vertu ajoutée, laissant la valeur aux marchands.
Nous nous sommes dit que le retour des féodalités n'est pas inéluctable, nous nous sommes promis que nous ne laisserons pas faire les systèmes. Les douleurs sourdes de celles et ceux que nous rencontrons, leurs pleurs enfouis quand plus rien ne leur semble possible, leurs épaules courbées par les injonctions paradoxales, l'idiotie des systèmes insulte à leur intelligence… elles sont là nos missions, dans le péril humain entre un ancien monde qui meurt et un nouveau qui a du mal à naître.

Sachons garder en nous ce que nous avons fait naître dans ces journées où le temps n'est pas passé inaperçu.

2012

La solution est dans l'amour
Bruno

Chaque année depuis quatre ans je me demande si la magie des Universités va se reproduire ...La magie ne se dérobe pas ; elle fut bien là, cette année encore, un peu plus puissante encore que l'année d'avant ; comme les trois années précédentes ! Pour paraphraser Coluche : « *jusqu'où va t elle s'arrêter ?* »
Je crois qu'elle ne va pas s'arrêter même si elle peut ne pas apparaître et ce ne sera rien puisqu'elle préside.

Cette cuvée 2012 a eu, pour chacun, une saveur particulière. Elle nous a proposé en effet, sans que nous l'ayons vraiment prévu, de faire une place différente aux femmes et peut-être plus encore, au genre féminin qui a le grand mérite de ne pas exiger d'être une femme pour être « dégusté » :
. L'apport de Mayak nous permettant de reconnaître que la voie de la créativité passait la fenêtre de nos fragilités.
. Les ateliers animés exclusivement par des femmes (première chez L.V.D.H.).
. L'atelier « Femme/mère/femme active » qui a généré une onde de prise de conscience qui ne se perdra pas.

. La proportion de femmes dans ces Universités n'a jamais été aussi forte.

. L'onctuosité sans concession, marque de nos palabres en plénière.

. Le flottement de ces robes, ferment d'une fête collective sans précédent.

. L'affirmation plus visible de l'*anima* des uns de l'*animus* des autres.

Mille signaux indiquent, en creux ou en bosse, que le parfum du genre féminin a déposé ses fragrances sur les Universités 2012 révélant tantôt nos potentiels cachés en la matière, tantôt nos limites à dépasser.

La Voie Des Hommes n'est pas la femme comme le laisse à penser un grand poète mais la Voie Des Hommes n'est pas davantage l'homme lui-même ; nous le savons et le prétendons depuis la genèse de notre aventure humaine. La voie est dans la relation ; la relation s'exprime dans la palabre et s'imprime dans la conscience.

Les approches sexuées par définition ne sont pas universelles. Il est temps de construire ensemble (avec les quelques différences biologiques et toutes nos ressemblances) des relations d'altérité sur lesquelles le monde de demain pourra enfin naître.

Nous continuerons à batailler contre les résurgences vieilles de millions d'années d'histoire et de divisions de toutes sortes, nous continuerons à souffrir du manque d'écoute, nous continuerons à comparer et donc à diviser, à séparer ce qui doit être uni, à affronter ce qui doit danser. Mais chaque jour, nous serons un peu plus près les uns des autres sans nous confondre, chaque jour les hommes entendront un peu mieux la part de femme qui est en eux ainsi que les femmes feront entendre la part juste de leur *animus*.

Au milieu de cette rivière charriant les changements, les genres sont bousculés, l'impossible d'hier devient le pourquoi pas de demain. Au milieu des ces eaux vives flottent les bougies symboliques de l'anniversaire de mariage de Maiwenn et Fabrice, l'anniversaire de notre Julien amoureux de la belle Carole comme pour nous rappeler à leur façon que la solution est dans l'amour !

Celui qui est occupé à juger n'est pas occupé à aimer !
Vivement l'année prochaine !

Le string entre les dents
Caroline

Une nana encore couteau entre les dents, accrochée à son string, qui découvre La Voie Des Hommes, ça peut paraître inconscient, risqué, risible voir suspect. Une brochette de nanas libres, têtes de fille et filles de tête, aguerries au bitume de l'entreprise, éprouvées par le jeu d'équilibriste, toutes à un carrefour de vie et d'envie aux Universités d'été de La Voie Des Hommes : ça prend le mouvement d'un virage essentiel. Il paraît qu'on a les rencontres qu'on mérite et que le hasard est un rendez-vous.

Et nous voilà dans cette oasis, cet univers inconnu où l'on se reconnaît pourtant et qui nous invite toutes comme chacune à exprimer nos personnalités, délier nos mouvements, avancer dans la réflexion de nos projets de vie dans la vie, partager quarante huit heures en suspend, amorcer l'élan, se retrouver ensemble et parmi.
Il semble qu'ici des hommes et des femmes œuvrent complices pour pouvoir être, partager, ancrer, mettre en mouvement et bâtir.

Chaleur douce, ambiance entremêlant exigence et

bienveillance, sourire et provocation, on brasse les cartes de l'enfance et le plaisir est de la partie : « le travail c'est fait pour ceux qui n'ont rien à faire, nous, on a à faire… » en gardant le cap sur « se la kiffer » et « se la faire douce ».

Clin d'œil de plus : un atelier sur l'équilibre instable femme /mère/ femme active… s'ouvre à La Voie Des Hommes. Les langues se délient, les esprits s'échauffent, se sondent, se testent… Décidément, l'espace est ici étendu pour pouvoir échanger et vibrer depuis le plus intime, se confronter quitte à se frotter et se piquer, se sentir entendu(e), libre d'exprimer ses attentes, s'ouvrir à d'autres visions, d'autres possibles.

Alors ce Shiva : un peu « supermec » un peu « supernana » ?

Hasard et nécessité : une brève
Christine

Au-delà des émotions que nous nous sommes procurés, nous devons réaliser quelle somme de hasards et de nécessités il faut convoquer pour arriver là où nous en sommes ces 25 et 26 août 2012 et encore plus pour aller plus loin vers l'avenir.

Je suis bien trop timide

Dorothée

Lorsque je suis arrivée chez LVDH
J'aurais voulu être indépendante
Mais je ne suis pas consultante
Et je suis bien trop timide
Je suis beaucoup trop petite
Ça me vexe, ça me vexe,
Je ne suis pas indépendante
Ça me gêne, ça me gêne. *

Et puis finalement, ce n'est pas si difficile, l'accueil est si chaleureux. J'ai même - sans être consultante - réussi à animer un atelier.
Jamais je n'avais imaginé que le sujet (celui des femmes) soit aussi sensible. Il me paraissait bien que la place des femmes était un sujet. Toute cette reconnaissance féminine pour un sujet qui nous était si cher (Nathalie et moi-même), tous ces hommes qui ont cherché à comprendre, tous ces témoignages, toutes ces émotions m'ont bouleversée. C'était heureusement la fin, j'ai pu laisser couler mes larmes d'émotion.
Et dire qu'il faudrait apprendre ce qu'est le don !

*Merci à Marie-Paule Belle pour cet emprunt

La convocation des sens
Emilie

Je n'avais aucune idée sur le sens de ma venue aux universités d'été LVDH.

Un *pitch* bien tourné, des amitiés fortes, solides et l'instinct m'ont conduit jusqu'à Valence. Il n'y a pas de hasard !

Et justement, à propos de sens, j'ai envie de parler des cinq sens.

La vue.

La vue de ces groupes animés et inspirés.

Le groupe international où l'interrogation de la complexité du management interculturel. L'exposé sur les signaux faibles, les témoignages de l'année passée, l'humour bien ficelé des présentations marquantes, la conception de messages impactants, etc. autant de sujets denses, partagés par des initiés.

Et des temps forts, genre musclés, « testostéronés » mais pas que…j'ai compris que les femmes libéraient les femmes et ainsi leurs paroles ; les hommes regardaient alors de nouvelles femmes se permettant au passage d'émanciper celle(s) restée(s) blottie(s) en eux.

Le débat du genre apportait un nouveau souffle à la grille de lecture de l'ensemble.

L'ouïe.
Nous avons entendu tant de choses : des « bonjour, que viens-tu chercher à La Voie des Hommes ? », des « c'est pas l'heure de l'apéro ?! », des opinions, des pensées, des citations, des exposés, de la musique aussi, nous réunissant le temps d'une soirée.

Le toucher.
C'est important le toucher ! Besoin psycho-affectif essentiel à la survie de l'homme. Premier sens qui se développe, il ne peut être un sens indépendant des autres. Cela vous rappelle peut-être quelque chose ? Et il y a le toucher et surtout être touché…au bout de vingt quatre heures, je me sentais déjà enveloppée.

Le goût.
Pour une bonne vivante, c'est un sujet de fond (« vous avez combien de temps devant vous au juste ? »). Le goût des autres, il est difficile de ne pas succomber au goût des esprits déliés, finement affutés et de ne pas profiter d'un ensemble « sans contrainte, sans structure, sans sacré ».

Le goût des autres n'est pas ici, comme dans le film éponyme, la grande farce des rapports humains, puisque chacun vient avec sa propre définition de sa liberté, ses limites, son goût, son dégoût s'il le souhaite. C'est confortable finalement, venez comme vous le souhaitez.

« Amenez vos ingrédients, avec un peu de chance, nous trouverons le liant » est la première approche que j'ai de ces universités d'été. J'oublie tellement de découvertes personnelles, les approches artistiques notamment. Et le cinquième sens, bien sûr, l'odorat… *But It smells already good*, non ?

II
Eric

Il était une fois sur un chemin. Il y avait déjà quelque temps qu'il grimpait sur ce sentier de montagne, tantôt sûr, tantôt escarpé, tantôt ensoleillé, tantôt ombragé. Il y avait fait de belles rencontres, il y avait eu de belles expériences et il savait que, tant qu'il le poursuivrait, il continuerait de s'émerveiller en découvrant les créations du Monde.

Récemment, Créativité a ouvert une nouvelle porte, ce qui est bien normal pour Elle puisqu'Elle n'existe que par la mise en relation au Monde, aux autres et à soi. Il emprunta cette porte. Il s'est alors trouvé plongé dans une assemblée de relations justes, authentiques, sincères. Bien sûr, cet espace lui donna envie. Envie d'y avancer, d'y « co-créer », d'y tracer un chemin visible de l'autre versant de la vallée, d'y construire des ponts aussi pour amener des sens nouveaux à ceux qui cherchent des voies pour se développer, à ceux qui souhaitent se connecter ou simplement se reconnecter à leurs énergies fondamentales, à ceux qui, en ce moment, jettent des regards interrogatifs de part et d'autre de la route sur laquelle ils ont été placés.

Il sentait qu'il y avait là une possibilité de rendre tangible le sens, les valeurs et les aspirations.

Les moissons
Jean-Pascal

Lors de ces jours d'été, les moissons furent abondantes.
Les moissonneuses n'y furent pas pour rien. Il me
revient à l'esprit les pensées en épis, les idées déliées,
les préjugés fauchés, les greniers emplis d'émotions et
toutes ces cultures récoltées, céréales du savoir,
nourritures de l'esprit.
Si nous fûmes émus, touchés, réjouis les uns et les
autres qu'en faisons-nous maintenant ?

J'ai imaginé un philosophe des Lumières venu nous
dire :
« Notre but est d'acquérir l'autonomie (au sens
étymologique : se mouvoir par soi-même), il s'agit
pour cela de supprimer toutes les lois et toutes les
tutelles imposées aux hommes par une nécessité
extérieure : les hommes ne peuvent obéir qu'à leurs
propres lois. Pour ce faire il convient de s'émanciper
du sacré par la connaissance et la raison. Aucune
autorité surnaturelle, qu'elle se nomme conformité,
main invisible, dieu, marché… n'y survivra. Notre
finalité n'est pas la quête du salut mais la quête du
bonheur. Les finalités ne sont pas celles des systèmes
ou alors les systèmes sont absolus. De là où je vous

parle, du temps d'où je vous parle, nos idées sont toujours en l'air, flottant entre abus et « désabus ». Il ne tient qu'à vous qu'elles retombent sur votre monde pour qu'enfin je n'aie pas vécu pour rien. Il faut donc aller les chercher au-dessus de vous car elles vous dépassent dans le temps. Si vous baissez la tête elles resteront hors de votre portée. Ne craignez pas l'ampleur de vos envies, craignez plutôt vos démissions. »

Voltaire, Diderot, Condorcet, d'autres auraient pu nous tenir ces propos. Le désir de s'affranchir n'a jamais quitté l'humanité mais celle-ci est parfois oublieuse. Nous avons hérité de ces pensées et notre aventure en témoigne.

Alors oui, nous avons ri et pleuré, bu et mangé, parlé et écouté pour que ces instants ne soient plus des parenthèses. Nos pensées ne sont pas inutiles dès lors qu'elles trouvent une continuité dans le réel et c'est tout le défi que nous avons choisi de relever. De quoi s'agit-il ? D'une expérience humaine héritée des utopies de Thomas More ou de Charles Fourier ; une utopie est une idée qui cherche un lieu et la nôtre a trouvé le sien. Ce lieu a à dire au monde et nous avons de quoi dire sur la faillite des systèmes, sur la détresse des peuples, sur la sidération des pouvoirs, sur l'abattement des idéologies, sur la courbure des échines. Mais quoi dire ?

Nos discours, nos échanges circulent entre nous, ils nous modifient mais sortent-ils de ce temps et de ce lieu universitaire ? Comment sommes-nous retournés au front des choses et des êtres ? Ce qui nous a modifié pendant ces jours a-t-il modifié nos façons d'être, nos regards, nos résolutions ?

Nous avons mis en œuvre bien plus qu'une rencontre ritualisée, nous avons amorcé ce qui nous agite dans le fond : le projet d'une société rassemblant des individus autonomes, libres et responsables. Hors de toute oppression, débarrassés de toute aliénation, libres de toute sacralité, rassemblés par ce qui nous sépare, nous tentons le bonheur en comprenant les causes du malheur. Faudrait-il nous taire ou dire à ce monde abimé que l'Homme reste maître de son destin ? Nous nous adressons dans nos activités quotidiennes à des femmes et des hommes et nous avons à leur dire que les systèmes ne les gouvernent pas, que leur vie n'est pas une aliénation obligée, que le pouvoir n'est pas la puissance, que le conflit n'est pas la guerre, que l'hétéronomie n'est pas une fatalité, que l'avenir n'est pas funeste. Nos méthodes d'intervention, nos relations professionnelles, nos entretiens sont désormais sous-tendus par nos aspirations expérimentées ces jours d'été. Nous revendiquons des pratiques professionnelles de libération. Nous revendiquons une idéologie d'émancipation qui anime notre relation au monde. Alors et alors seulement, les jours d'été n'auront pas été qu'un bon souvenir condamné aux oubliettes du temps. Alors et alors seulement, les idées comme les graines tomberont en terre. Les femmes nous ont montré la voie : apprendre, comprendre et consciemment nous libérer. Il faut qu'un rêve soit grand pour ne pas le perdre de vue.

Il me vient à cet instant l'envie de prendre les choses au large. Une civilisation se construit dans sa capacité à défier la loi de la conservation de l'espèce, à lutter contre la loi de la survivance du plus apte, à prendre soin de l'autre. Cette conscience civilisatrice ne peut se passer de l'histoire et de ses influences sans cesse présentes dans la façon dont nous pensons et dont nous agissons. Nous savons quand nous progressons vers un peu plus de civilisation ou quand nous régressons vers un peu plus de barbarie et nous savons consciemment pourquoi.

Ce qui nous fonde est le souci de l'autre, c'est un acte militant dont l'intention profonde est de changer l'histoire. Le souci de l'autre est le combat de quelques uns contre la loi de l'espèce, contre la sélection naturelle.

L'espèce poursuit une finalité : sa perpétuation quel qu'en soit le prix. Le « discours » de l'espèce utilise la nature comme état idéal qui édicte sa loi : la survivance du plus apte.

La nature est brutale, elle tranche au nom de la fin suprême. Les faibles ne peuvent survivre au risque de « dégénérer » l'espèce.

La nature est « bien faite », elle régule, sélectionne et ne peut admettre l'intervention de l'Homme qui serait cause de déséquilibre et de dysfonctionnement de cette divine harmonie. De même qu'il doit se soumettre à la loi de la nature, l'Homme ne peut intervenir sur les lois qui s'en inspirent et particulièrement les lois économiques qui deviennent alors transcendantes.

D'où ces idéologies appelées : loi du marché, loi du libre-échange, toutes dites indépassables qui règlent la vie des hommes.

Ces idéologies arrogantes investissent l'ensemble des activités humaines au nom de la liberté (il faut comprendre : liberté naturelle).

Il reste quelques lieux rares, qui ne sont pas encore soumis à la loi naturelle : l'école, l'hôpital et Valence et c'est bien ce qui fonde les moments que nous passons ensemble et qui nous procurent tant de bonheur ; un bonheur que nous voulons partager avec le plus grand nombre.

En d'autres temps quelques chevelus et barbus s'étaient retrouvés à Woodstock et Wight imaginant un monde pacifié habité par des êtres paisibles. Trente ans après, les cravates se sont substituées aux colliers de fleurs et la compétition à la fraternité. Les moments hors du monde sont restés hors de lui. Les belles aventures ont toujours de beaux commencements, elles tombent dans l'oubli quand elles ne se fondent pas sur une idée, sur un rêve, sur une envie.

Pourquoi notre idée vivra ? Nous sommes des révolutionnaires pratiquants, nous sommes « les révolutionnaires des individus » pour le dire comme Deleuze, des révolutionnaires qui combattons le sang et les armes. Que dirait-on de nous si nous prônions un monde différent sans savoir le mettre en œuvre dans notre communauté ? Que nous serions de belles âmes donneuses de leçons. Nous sommes les révolutionnaires des instants pour que là où nous sommes, quand nous y sommes, naissent des bonheurs possibles. Ce qui nous tient ne sont pas les moments d'été qui nous ravissent mais la pratique de l'idée qui s'y développe. L'idée du souci de l'autre, l'idée d'une culture de la relation, l'idée d'un bonheur possible parce que nous croyons que les possibles ne sont pas épuisés, l'idée d'un arrangement pacifié entre les êtres, l'idée d'un accès pour chacun à l'autonomie.

Pour conclure, un conte arabe raconté par Khalil Gibran (1883 – 1931).

Un roi puissant et sage gouvernait la ville de Wirani. Tous le craignaient pour sa puissance et l'aimaient pour sa sagesse.

Or, il y avait au cœur de cette ville un puits dont l'eau fraîche et cristalline alimentait toute la cité.

Une nuit, alors que tout le monde dormait, une sorcière pénétra dans la ville et empoisonna le puits. Elle y versa sept gouttes d'un liquide étrange en disant :

« Tous ceux qui boiront de cette eau deviendront fous. »

Le lendemain, tous les habitants de la ville, excepté le roi et son chambellan, burent de l'eau du puits… et comme la sorcière l'avait prédit, ils perdirent la raison.

La ville devint le théâtre des agissements les plus étranges, et le roi ne parvenait pas à calmer la population. D'autant que désormais toute la ville murmurait : « Notre roi n'agit pas comme nous. Il est

devenu fou. Nous refusons d'être gouvernés par un
dément. Il nous faut le détrôner. »
Aussi, ce soir-là, le roi fit remplir un gobelet doré de
l'eau du puits. Il en but une grande gorgée, puis le
tendit à son chambellan qui fit de même.
Et le peuple de la ville se réjouit et organisa de
grandes fêtes : le roi et son chambellan avaient, disait-
on, recouvré la raison.

Point n'est besoin de longs discours pour expliquer
cette métaphore. Après nos jours d'été le risque que
nous rencontrons est de boire l'eau du puits et
d'éteindre ainsi le feu de nos esprits au risque de
retrouver la déraison mondialisée. Gardons-nous de
nous abreuver aux sources des pensées conformes et
nous irons dire, montrer et démontrer les alternatives
heureuses avec la joie que nous avons emportée de ces
jours d'été.

Le messager taciturne

Jérôme

Passé par là, tel le messager taciturne,
J'ai capté le tendre, le précis et le sublime
Par les yeux digitaux de l'espion de Saturne,
De ces belles discussions que vos esprits animent.

Eloquence des uns, sensibilité des autres,
A tâtons, souriants ou désireux de donner,
Vers de vierges territoires éloignés des nôtres,
Vous nous avez tous naturellement transporté.

Chaque jour, chaque instant, dans le bruyant tumulte,
Nous tâcherons de faire vivre ce début de parcours,
En évitant que le roi des contraintes occulte
L'évidence du lien, la richesse de l'amour.

L'Université d'Eté en quelques conclusions
individuelles... ce sont les participants qui en parlent le
mieux ; à l'année prochaine.

Du sable dans mes chaussures
Nathalie

Comme à chaque fois que les vacances se terminent, j'ai un petit goût amer dans la bouche, encore un peu de sable dans mes chaussures, le cheveu éclairci par le soleil et surtout l'esprit qui flotte et vagabonde entre un avant et un après et qui ne sait pas trop où se poser pour la suite.

Je sais juste que la rentrée n'est pas loin et que j'ai encore envie d'être insouciante et de me laisser porter par la découverte et l'imprévu. Je n'ai pas envie de remonter tout de suite dans le train, ni de ranger mes tongs, de rouvrir mes cahiers. J'apprécie donc particulièrement le temps où nous nous posons, à l'orée de la rentrée, juste à la fin de l'été. Ce temps suspendu de nos Universités d'été.

Je retrouve alors ceux que je n'avais pas vu depuis longtemps, parfois toute une année et aussi ceux que je vois plus souvent tout au long de l'année. Viens alors le temps du Nous.
C'est alors que le temps nous appartient et dès lors, nous prenons le temps, le temps de discuter de nous, de tout, du temps qui passe. Mais aussi de réfléchir, de

confronter nos points de vue, de nous interroger sur notre présent, notre avenir. Nous prenons le temps de nourrir nos esprits, nos corps, nos cœurs et peut être même nos âmes, qui sait, avec des rêves, des projets, des idées et des rencontres, gourmands et curieux. Comme chaque année, ces universités sont toujours riches d'émotions, d'échanges, de verres qui s'entrechoquent, de mains qui applaudissent, de stylos qui noircissent des papiers, de jus de cerveaux qui circulent pour alimenter nos grandes réflexions.

Comme chaque année je suis épatée que nous soyons toujours plus nombreux, que nous nous mettions en ordre de marche, chacun à son rythme, sans heurts, en toute liberté.

On pourrait croire en nous voyant que nous avons perdu tout sens commun. Après tout, réfléchir ainsi tout un week-end sur un projet sociétal, humain certes, mais aux contours encore flous et surtout très ambitieux, plutôt que de se la couler douce avec nos familles ; c'est vrai que c'est un peu tordu. Pas tant que ça, à y regarder de plus près, avez-vous un espace de réflexion libre de règles dans votre sphère sociale, amicale, familiale ? Pas si sûr !

Pour ma part c'est ici que je viens le retrouver cet espace.

Ici j'ai le droit de rire fort, de raconter des bêtises, mais aussi de m'enflammer sur des sujets qui me sont chers et de m'engager à les porter.

Alors je rempile chaque année.

Et comme chaque année j'ai plaisir à retrouver ma famille de cœur, des humains, femmes et hommes que je connais depuis longtemps ou d'autres que je n'avais encore jamais vus.

Comme chaque année je viens partager des rires et des larmes, retrouver un peu d'humanité en somme.

Cette année, un souffle féminin s'est posé sur ces universités pour ma plus grande joie, enfin une quasi parité pour porter ce projet sociétal et humain.

Le monde bouge, les choses avancent et nous aussi.

Femmes et hommes ont pu prendre le temps, la liberté et l'espace pour s'exprimer.

On ne prétend résoudre aucune question, trouver des solutions miracles, on a juste la prétention de poser les sujets, de s'en emparer et de voir si on peut faire bouger les lignes.

J'ai bon espoir que si nous continuons ainsi, ça finira par bouger, une intuition féminine sans doute et j'ai bien le droit de me l'autoriser. Je suis libre après tout

Et puis il faut bien se quitter alors, comme chaque

année, les adieux sont douloureux, les yeux s'embrument, les corps se serrent, on se dit qu'on va s'appeler, se voir, travailler ensemble, on se promet de le faire très vite.

Et nous savons bien au fond de nous que pour tenir ces promesses, il faudra s'engager, se donner du temps à nouveau et trouver l'envie. L'envie de résister au temps qui courre trop vite et nous absorbe, le quotidien qui nous englue et les distances qui nous séparent.
Alors cette année encore je promets à tous ceux-là de faire de mon mieux pour ne pas oublier les promesses que nous nous sommes faites.

Mais je sais que, comme chaque année, je vais quand même y arriver parce que l'envie est là, le souffle et l'énergie aussi, que je pars regonflée pour affronter la rentrée.
Et surtout qu'à plusieurs, nous nous ferons mieux entendre, nous serons plus intelligents et nous nous donnerons plus de chance de réussir tout ça… et bien plus encore.
Rendez-vous l'année prochaine, ça au moins, j'en suis sûre.

A quoi bon ?

Pierre

C'est un aquoiboniste
Un faiseur de plaisantristes
Qui dit toujours à quoi bon
A quoi bon

C'est avec cette chanson du père Gainsbourg que je rentre dans ces journées uniques de fin d'été. C'est vrai quoi ! A quoi bon… Ce monde qui va, comme il va, avec ou sans moi, avec ou sans nous !!!

Un aquoiboniste
Un modeste guitariste
Qui n'est jamais dans le ton
A quoi bon

Nous sommes là, une poignée, avec peut être l'intention, au moins le désir de changer ce monde. A quoi bon alors que je suis qu'une minuscule fourmi me préoccuper de ce qui me dépasse. Et si nous pouvions agir, ce serait sur quoi, sur qui ?
La société des Hommes (et des femmes) est un système qui est sensé servir les individus, pas lui-même.
Gardons le cap, les buts ont la saveur des rêves

d'enfants et les modalités pratiques, la rudesse de la prose.

Un aquoiboniste
Un peu trop idéaliste
Qui répète sur tous les tons
A quoi bon

Comment être sûr de pouvoir agir…juste. Je préconise l'immersion dans le réel, et donc la lucidité. Notre imagination nous fait vivre dans un monde phantasmatique délicieux…ou pas. Le réel est l'antidote à cette maladie moderne. Et surtout le sentiment qui monte en moi : il est possible d'agir sur le réel si nos représentations sont partagées ; communes.

Un aquoiboniste
Qu'a pas besoin d'oculiste
Pour voir la merde du monde
A quoi bon

Le réel est a porté de main, de nos mains. Diminuer nos peurs solitaires et entrer en relation avec un monde plus clair, voire avec sympathie d'où il vient et comment il va. Le monde marchand n'est qu'une partie du monde, se limiter au troc pousserait nos âmes à n'avoir d'aspiration que matérielle. Nous concluons à cet instant de l'atelier que les entreprises de notre ancien monde ne dégageront plus de façon durable autant de richesses. Les modèles économiques et nos repères volent en éclats. L'incertitude est enfin visible, les mirages de la stabilité nous pétent à la gueule, le mouvement est la règle. Mais quoi faire ? Comment faire pour que l'entreprise publique ou privée reprenne contact avec le monde non-marchand ? Comment pouvons-nous nous intéresser davantage au bien commun ? Comment permettre aux dirigeants et aux équipes de reprendre du pouvoir sur les systèmes ? Comment jouer notre rôle d'entraineur ?

Un aquoiboniste
Un drôle de je m'enfoutiste
Qui dit à tort à raison
A quoi bon

Quel est notre rôle d'accompagnant, de conseil … au profit de qui, de quoi ? Des systèmes ou des gens ? Comment coproduire avec nos clients les solutions de demain ? La posture de facilitation nous éloigne de nos habitudes d'expert, de « sachant ». Nous concluons que nous avons besoin de partage d'idées, de connaissances, d'expériences pour aider nos clients à agir lucidement. Nous savons que les femmes et les hommes qui vivent dans les organisations sont et seront l'objet de nos soucis. L'intelligence des uns du dedans, des autres du dehors nous permet de jouer avec le réel et ses perceptions.

Un aquoiboniste
Qui se fout de tout et persiste
A dire je veux bien mais au fond
A quoi bon

Je suis rentré dans ces journées en laissant au-dehors les turbulences et j'ai trouvé un apaisement. Quand le regard est en paix les situations apparaissent telles qu'elles sont. Nous y sommes alors avec justesse. Notre job c'est peut-être d'apaiser les regards troublés de celles et de ceux que nous croisons.

Un aquoiboniste
Qui me dit le regard triste
Toi je t'aime, les autres ce sont
Tous des cons

Pour être apaisant encore faut-il être apaisé. Je suis sorti de ces journées avec l'esprit frotté par ces rencontres, l'âme chavirée par ces dons de l'émotion. J'en suis sorti un peu plus Homme, un peu plus Femme, avec un peu plus de voies.

Gainsbourg avait tort ! Je t'aime et les autres sont …

Je suis sorti avec Albert Camus et ses clés du bonheur pour rentrer dans le monde de demain, qu'il nous reste à bâtir :

« Le monde est absurde et il m'invite à m'accorder avec lui.
Nous sommes condamnés à vivre ensemble, cela m'invite à m'accorder avec l'autre.
Il y a moi qui m'invite à m'accorder avec moi : ce que je suis et ce que je vis. »

« Ce n'est pas la révolte en elle-même qui est noble, mais ce qu'elle exige. » Albert Camus - Extrait de L'Homme révolté.

Un endroit où

Samuel

Imaginez un endroit….
Où il ferait bon vivre sans qu'on s'y laisse vivre,
Où l'on pourrait se parler toute distinction exclue entre
bipèdes dotés d'une âme,
Où les forces créatrices prendraient le pas sur les
forces prédatrices,
Où des sujets sérieux sont traités sérieusement par des
gens qui s'efforcent de ne pas l'être,
Où des questions essentielles comme : la démocratie
versus le marché ? Le don ou l'échange ? Le vin ou la
bière après le café ?...seraient abordées avec le même
entrain,
Où l'on pourrait être soi sans artifices ni costume de
scène,
Où l'on croiserait des personnes tellement certaines
d'avoir raison qu'elles laisseraient sa part au doute,
Où il n'y aurait pas de règles…tout serait dans
l'attitude,
Où il n'y aurait pas de «moi je » mais beaucoup de « et
si »,
Où il n'y aurait pas d'objectifs individuels mais un but
collectif,

Ce serait comme une maison avec plein de fenêtres, avec presque pas de murs et il ferait bon y être*

Cet endroit je l'ai découvert : La Voie des Hommes.

* Merci à Jacques Brel pour cet emprunt

Une pratique humaine
Sophie

Trois phrases entendues à Valence me tournent dans la tête: « ici, il n'y a pas de règles mais après l'heure, les portes seront fermées », « il y a quatre ans, je n'aurais jamais pris la parole pieds nus », « … ce sera 1350 € hors taxe la formation »…Dans l'ordre : « interloquée », « surprise », « mal à l'aise »….

En signal faible (clin d'œil), ces phrases m'alertent sur des limites et des possibles : « être » avant de « faire », être expert avant d'être *businessman* ou *woman*, donner avant de recevoir… Pas de règles ? Ok, mais des valeurs fortes : respect, bienveillance, écoute…

Une nouvelle façon de se positionner face au *business*, mieux ancrée sur les savoirs, le partage de compétences, la pluridisciplinarité, la richesse d'expertises nombreuses transformées pour de nouveaux desseins.

De belles personnes, de beaux projets, c'est sûr ; voilà pour les possibles.

Ils s'articulent sur d'autres phénomènes émergents dans la société « civile » : nouvelles organisations, nouveau rapport au politique, à la consommation, aux médias, aux autres….

C'est beau, mais ça ne suffit pas ! Comment parler business, argent, ambition, développement ? Pourquoi renvoyer dos à dos la droite et la gauche, les jeunes et les vieux, et même … les hommes et les femmes? Cela me paraît dépassé et ce n'est pas là ni comme ça que l'on trouve la réponse à la question qui m'a paru essentielle, j'ai envie de la formuler ainsi : "comment diffuser une nouvelle forme de pratique professionnelle dans le métier de conseil ?" une pratique humaine - voire humaniste - qui nous permet de vivre comme nous le souhaitons (indépendance, revenus, intérêt professionnel) et qui permet à nos interlocuteurs d'y trouver leur compte à tous égards. Nous sommes nombreux à l'inventer et la mettre en place "dans notre coin". Pour essaimer et créer un mouvement de société, pas de mystère, il faut se mettre en avant et revendiquer des valeurs.

Le moment est peut-être venu pour la Voie des Hommes de faire entendre sa voix indépendante, experte, humaniste.

Qui nous souhaitons être
Stéphane B.

Durant ces deux jours, j'avais volontairement endossé un rôle de facilitateur graphique afin de tenter de collecter et de cristalliser le moindre des temps forts de cette université.

Ce que j'ai entendu, m'as permis de voir à quel point :
- ensemble, tout ce que peux te donner l'autre, ne peut que servir ton projet personnel,
- la richesse des Êtres et la variété des regards, au service du collectif, font avancer et nourrissent nos regards individuels sur les sujets d'enjeu sociétal.

Ce que j'ai pu voir, m'as permis de mesurer à quel point :
- travailler et produire ensemble est un choix de "Faire" qui marche en réponse à ce que nous montre le quotidien gavé d'actualités.

Ce que j'ai pu mesurer, m'as permis d'entendre comment :
- ne pas se sentir isolé(e), nous pousse à agir individuellement,
- l'authenticité de nos actions et la diversité de nos

regards individuels, au service du collectif, nous permettent de nous rapprocher tous les jours un peu plus de qui nous souhaitons être.

Merci, merci à tous pour ces moments savoureux.

Table

2011   7

Il a suffi de presque rien   9
Les journées des Hommes   11

2012   13

La solution est dans l'amour   15
Le string entre les dents   19
Hasard et nécessité : une brève   21
Je suis bien trop timide   23
La convocation des sens   25
Il   29
Les moissons   31
Le messager taciturne   39
Du sable dans mes chaussures   41
A quoi bon ?   45
Un endroit où   51
Une pratique humaine   53
Qui nous souhaitons être   55